STABILISATION

ou

RÉVALORISATION

ANGERS
IMPRIMERIE DU PROGRÈS
30, Rue Saint-Laud, 30

1927

STABILISATION

OU

RÉVALORISATION

ANGERS
IMPRIMERIE DU PROGRÈS
30, Rue Saint-Laud, 30

1927

STABILISATION
ou
RÉVALORISATION

---

§ 1ᵉʳ. — HISTORIQUE DE L'IDÉE DE STABILISATION ET PRÉAMBULE

Il fut un temps, très proche de nous, où on ne parlait pas, en France, de la stabilisation du franc ; au contraire, en mai 1924, par exemple, époque à laquelle la livre était à 65 francs, on trouvait trop forte la dépréciation de notre étalon monétaire, et on ne désirait rien autre chose que son retour au pair.

Cependant, à cette époque, l'état de nos finances : équilibre budgétaire, aménagement et amortissement de la dette, ressources à provenir du plan Dawes, ne valait pas celui actuel ; le bilan commercial se soldait par un déficit, les installations minières et industrielles, dans les départements ravagés, restaient à achever.

Bref, les capacités productives et contributives du pays étaient, de beaucoup, inférieures à ce qu'elles sont présentement ; il n'y avait pas d'ordre dans la maison.

La chute du franc, depuis 1924, par exemple, jusqu'à ce jour, de 0 fr. 39 à 0 fr. 20, en passant par 0 fr. 11, est donc purement accidentelle.

Dans le premier semestre de 1926, financiers et stabilisateurs prétendaient justifier l'avilissement du franc d'après l'état de nos finances d'alors.

En faisant, aujourd'hui, l'application très consciencieuse des principes sur lesquels ils s'appuyaient, on arriverait, logiquement, à établir que le franc devrait être coté peu loin du pair, tandis que la livre sterling, en retour, considérée d'après les éléments d'appréciation, analogues, ayant trait à l'état des finances en Grande-Bretagne, devrait subir, plutôt, une dévalorisation supérieure, relativement, à celle du franc.

D'ailleurs notre franc devrait être coté bien au-dessus de la lire, alors que c'est le contraire : la balance commerciale, en Italie n'est-elle pas, pour janvier et février 1927, en déficit énorme de 1 milliard 1/2, contre 1/2 milliard de boni, environ, pour la France ?

La chute du franc, à partir du jour où il s'est désolidarisé de la livre dévalorisée, est, en effet, due, tout particulièrement, aux tristes méfaits de la politique : on perdit quelque peu de vue la France et le franc ; on ne s'occupa guère que de démagogie ; on parla de justice fiscale immédiate et profonde ; de prélèvements imposants sur le capital, ce qui fit fuir ce dernier à l'étranger ; des remèdes sont proposés, entre autres la consolidation de la dette flottante qui constituait une des causes de dépréciation de notre monnaie ; on fit de la surenchère politique ; c'est la ruée vers le pouvoir !

La consolidation de pareille dette, qu'on a faite en Belgique et qu'on finit par amorcer en France, est, comme aujourd'hui encore dans le monde des stabilisateurs, qualifiée de faillite ! (quelle expression, donc, faudrait-il employer pour flétrir la stabilisation qui consacrerait, au détriment de tous les créanciers, une dépréciation de leurs prêts et de leurs revenus, s'élevant jusqu'à la proportion des 4/5ᵉˢ ? n'y aurait-il pas là, en toute évidence, une véritable spoliation ?)

Le grand mal de cette triste aventure politique est l'adaptation, plus ou moins parfaite, des prix commerciaux à la cotation, au change, de notre franc dévalorisé, qui s'est faite avec une précipitation vraiment surprenante, et qui entraîna, dans son ascension, l'indice moyen des différentes manifestations de l'activité humaine, lequel passa, en moins de 3 ans, de 200 à 600 ; tandis que le retour, vers les prix primitifs, ne peut se faire que très lentement.

De plus : salaires, traitements, retraites n'augmentent pas proportionnellement à l'indice de vie, sans cesse croissant, de manière à leur maintenir une puissance d'achat constante ; enfin, l'exportation, grâce, justement, à la disproportion de ces deux éléments, prend des allures hyperboliques, ne tendant, rien moins, qu'à vider la France de sa meilleure substance, à l'appauvrir, à tarir jusqu'à ses facultés acquisitive à l'extérieur.

En fait, malgré la pléthore des exportations, ne profitant guère qu'à un groupe infime de Français et ne s'exerçant qu'au détriment de la masse, la balance commerciale devenait de plus en plus déficitaire : on ne s'apercevait pas que le profit, factice d'ailleurs, venant d'un côté, était plus qu'annihilé, de l'autre, par suite d'excès déraisonné des importations.

En outre, l'avilissement continu du franc jetait une perturbation, telle, dans les marchés extérieurs, même intérieurs, que l'idée de **stabilité du change** naquit et hanta désormais les cerveaux des exportateurs et de tout le monde gurvitant autour d'eux.

Idée justifiée, très compréhensible. Il s'agissait, en effet, de la fixité pratique, en Bourse, de la valeur du franc, du change, en un mot, dont le monde commercial n'est pas maître, et non de la puissance d'achat intérieure du franc, dont, par contre, il est à peu près seul l'arbitre ; on l'a trop vu.

Cette fixité pratique du change est aujourd'hui pleinement obtenue, sans contestation possible, grâce au contrôle complet que le gouvernement, par l'intermédiaire de la Banque de France, exerce en Bourse.

Le commerce a, par suite, aujourd'hui, la satisfaction qu'il recherchait.

La question se trouverait donc vidée, aussitôt après l'adaptation du commerce à la nouvelle valeur du franc au change, par la poursuite d'une **révalorisation lente** de notre étalon monétaire, laquelle n'enlèverait rien au caractère de fixité pratique du change, dont je viens de parler. Je prouverai cette assertion au § 8.

Mais, à côté des exportateurs, surgit, à la faveur des troubles politiques, tout un monde d'agioteurs, de spéculateurs à la baisse du franc et de profiteurs de cette clientèle spéciale ; un mouvement se créé, ayant pour effet de faire étayer les fortunes privées et même les ressources publiques, si étrange que cela soit, sur des valeurs étrangères, ce qui contribua, par la vente massive de titres français, à l'avilissement de ceux-ci et du franc lui-même, à jeter la panique dans le pays, à ébranler la confiance parmi tous.

Toute situation nouvelle est exploitée, en servant de tremplein aux politiciens, et finit toujours par trouver des apôtres, même chez les techniciens.

Ainsi naît l'idée de **stabilisation immédiate et légale du franc** et se forme sa propagation habile, que semble alimenter une source financière inépuisable.

Perdrait-on de vue qu'il s'agit, au fond, de stabiliser certaines fortunes assises sur des titres étrangers, car tous les capitalistes, pourtant avertis, n'ont pas encore vendu l'excès de ces titres en leur possession, parce que toujours entretenus dans cette chimère : la **stabilisation légale au taux fortement avili du franc.**

Donc, ne confondons pas **stabilité de change**, éminemment désirable, avec cette stabilisation qui consacrerait, à tout jamais, la dépréciation anormale du franc, l'élévation, outrée du coût de la vie, la banqueroute des débiteurs ; ce qui serait la ruine et la misère de la plus grande masse des Français, le déshonneur de la France.

Ce sont, en effet, deux choses nettement différentes : on voit que la dernière, de conception récente, n'est qu'un champignon vénéneux qui s'est développé sur la première.

Revenons donc à la compréhension nette, juste et saine des choses que tous avaient encore jusqu'en 1924 ; rétablissons, lentement, la situation logique. normale, en somme profitable à tous ; que chacun fasse des efforts dans ce sens ; chassons, de nous, ce virus mortel et la victoire, la véritable victoire sera au bout.

§ 2. — LA STABILISATION
ET LE SOCIALISME INTERNATIONAL

La politique, hélas, qui devrait faire trève, en France, pendant, au moins, toute la période de redressement financier et monétaire, est encore trop souvent la visée de quelques parlementaires, ennemis de l'ordre, de la société actuelle, ne semblant compter que sur la révolution brusquée pour faire triompher leurs conceptions et s'emparer du pouvoir.

Persistera-t-on dans cette cruelle aberration ?

Pourtant l'heure n'est pas à la démagogie, à l'utopie, aux luttes de classe, à l'illégalité ; nous en reparlerons en l'an de grâce 3000, dit humoristiquement le chef du parti radical !

Une telle politique est, foncièrement en effet, dangereuse ; la France, moins que tout autre pays, ne doit se payer le luxe de s'y enliser, surtout quand on voit les classes capitalistes et prolétariennes, en Amérique, en Allemagne et ailleurs, si bien se comprendre, si bien s'organiser, en vue de la lutte pacifique, mais âpre, à engager sur les champs de bataille commerciaux du monde entier.

L'Amérique a résolu, élégamment, le problème des classes ; il se traduit par un mieux-être mirifique des gentelemen-travailleurs, comme on les appelle, dont tous profitent grandement là-bas. Leur salaire n'a-t-il pas une puissance d'achat au moins quatre fois supérieure à celle du salaire de l'ouvrier français ?

Ici, le prolétariat et le patronat ont fort à faire, dans le sens d'une sélection des techniciens, d'un machinisme rationnel et des spécialisations industrielles, en vue d'atteindre la puissance de production horaire de la main-d'œuvre, que l'on constate ailleurs, surtout en Amérique et en Allemagne.

On doit résolument entrer dans cette voie ; ce sont les meilleurs conseils que l'on puisse donner au monde du travail.

La doctrine du prélèvement sur le capital est née d'un manque de justice fiscale, idéal enviable, certes, mais qu'il n'est pas possible, par ce moyen, d'atteindre, tout au moins actuellement.

Abandonnons donc, pour le moment, cette chimère ; il nous faut des actes, aller de l'avant et non piétiner sur place.

Le socialisme, en faisant sienne une autre doctrine, celle de la stabilisation qui ne peut profiter qu'au **capitalisme spéculateur**, est en contradiction à cause de ce fait, avec ses propres principes et, de plus, va très nettement à l'encontre des intérêts de la classe ouvrière qu'il prétend défendre, ainsi que je le démontrerai au § suivant.

Est-il possible d'expliquer cette flagrante aberration, autrement que par l'intention de vivifier, chez l'ouvrier la flamme de haine de la société, en vue d'aboutir, penserait-on, à cette révolution brusquée dont j'ai parlé, nouvelle Saint-Barthélémy qui ferait fuir, après les capitaux, nos élites à l'étranger, appauvrissant ainsi la France, enrichissant nos voisins ?

L'altruisme, même au service de l'internationalisme, n'est que l'application de la sublime doctrine de Jésus ; mais prenons garde, en France, à ses excès qui relèveraient, plutôt, de... la niaiserie et nous coûteraient si cher.

Il y a eu, chez nous, des conversions retentissantes qui honorent l'homme. En noterons-nous dans le monde des socialistes internationaux ?

Le bon sens populaire est toujours vivace ; il aura le dernier mot, serait-il donné sous le régime du scrutin d'arrondissement, digne des temps préhistoriques.

Après d'autres, mon pays d'origine, avide de progrès, foncièrement républicain, dont la Chambre de Commerce préconise la **révalorisation,** ne vient-il pas de donner un sévère avertissement à ceux qui voudront bien l'entendre ?

§ 3. — LES MÉFAITS DE LA STABILISATION LÉGALE

On se rappelle le rapport des experts, qui, il y a quelques mois seulement, secoua si fortement d'émotion le public français, en tendant à la stabilisation du franc-papier à un taux de misère, consacrant, même, une dépréciation plus élevée que celle d'aujourd'hui.

Le seul motif, qui paraissait plausible, de cette mesure, était, disait-on, l'obtention de la stabilité pratique du change, qu'on proclamait impossible par tout autre moyen.

Les faits résultant de la révalorisation, ont amplement démenti cette assertion (la stabilité du change a même été obtenue avec les moindres sacrifices), comme ils ont démenti cette autre assertion des experts : (la Belgique et la Syrie française nous le prouvent) l'impossibilité de recourir à deux monnaies distinctes, celle de change en francs valeur-or, celle en francs-papier, fonction de la première, ainsi que je le préconisais dans mon projet de révalorisation, faisant l'objet de mon étude : « Sauvons le franc, Sauvons la France », du 24 février 1926 ; « Les Gages et la réforme monétaire », du 7 juin suivant.

Les experts, rendons-leur cette justice, ne purent s'empêcher d'exposer certains méfaits de leur stabilisation, qu'ils atténuèrent pourtant :

Hécatombe de faillites et, par suite, chômage de grande allure.

Adaptation des divers indices de l'activité humaine au taux de stabilisation arbitrairement choisi, consacrant un très anormal avilissement du franc ; d'où, évidemment, accroissement de ces indices ; ce qui eut lieu, uniquement, d'abord, sur l'annonce du plan des experts, dont on escomptait la réalisation dans certains milieux ; phénomène d'ailleurs inhérent à toute stabilisation de ce genre, exemple en Belgique, où l'indice de vie ne cesse de croître depuis la stabilisation légale remontant seulement à quelques mois (il est aujourd'hui à 770) et en Pologne, où sévit un appauvrissement général, laquelle ploie sous le faix d'un indice de plus de 900 ; tandis qu'en France, ce même indice suit la courbe inverse depuis que la révalorisation a pu exercer ses effets sur les prix de vente, c'est-à-dire depuis août dernier, il est aujourd'hui à 585, après avoir touché 628.

Écrasement, surtout, de la classe moyenne, par la faillite des débiteurs.

Maintien du salariat dans une condition morale inférieure et dans la misère matérielle, à cause de la faiblesse relative du salaire par rapport à l'indice de vie, grâce à quoi on aurait surproduit, surexporté, sans profit que pour une poignée de privilégiés, au détriment effectif du Trésor, du consommateur, contre l'intérêt, particulièrement, de la classe ouvrière qui se serait vue privée non seulement d'un salaire équitable mais aussi du plus grand bénéfice des assurances sociales ,faute de ressources sérieuses.

Ouverture d'un **droit légal** aux fonctionnaires, retraités, pensionnés, en vue de l'unification de leurs traitements, retraites, pensions, sur la **base légale** de la dépréciation du franc ; l'indemnité parlementaire n'y serait-elle pas déjà réglée ?

L'injuste et profonde différenciation existant actuellement à ce sujet, pour des cas identiques, (ne se base-t-on pas, dans l'espèce, sur des indices de vie variant de moins de 200 à plus de 700 ?) obligerait les pouvoirs publics, au détriment du Trésor, à réviser complétement ces situations qui deviendraient intolérables. La révalorisation, que le Gouvernement a laissé nettement entendre, ne pourra donner prise qu'à la révision de cas d'espèces, comme jadis.

Asservissement, à l'étranger, de la France qui perd, du coup, son indépendance, sa dignité et son rang de grande nation, par le système ruineux des crédits extérieurs, portant faible intérêt, il est vrai, mais menacés de se transformer en emprunts à loyer usuraire, et, ce aussi bien dans le domaine public que dans celui des Sociétés privées ; en outre, qui est atteinte dans toute sa structure économique, son organisme financier, parce que inféodée aux monnaies étrangères.

Incitation à des excès d'importations de luxe, ruineuses pour le pays, du fait que les bénéfices commerciaux, en résultant, s'accumulent dans un nombre de mains trop réduit.

Appauvrissement général et continu du pays, par la politique d'avilissement du franc, qui, en réalité, surfait nos dettes extérieures, pousse à la surexportation sous toutes ses formes, en le vidant de ses meilleures et plus précieuses substances. Je ne citerai que deux exemples typiques :

Le vin qui, malgré une année fortement déficitaire, est exporté, soit nature, soit sous forme d'alcool dénaturé (quel sacrilège !), au profit de l'industrie. Le bon jus de la treille, source traditionnelle de la gaîté gauloise, créatrice de force et de courage, dont nous avons tant besoin, ne serait-il donc plus destiné aux Français ? (Gargantua ne frémiras-tu pas dans ton tombeau de bronze ?) en vérité, il le semblerait ; n'est-il pas, aujourd'hui, monté aux indices de 800 à 1.400, et n'est-il pas exclu des statistiques donnant l'indice de vie ?

Nos richesses artistiques, archéologiques, un peu de l'âme de la Nation, qui s'envolent au-delà de la frontière : tel le château de Courcelles (Sarthe), démonté pierre par pierre et traversant l'Océan, en vue de sa réédification dans le nouvel **Eldorado.**

Voilà le triste bilan de la stabilisation, et j'en passe. Convient-il au peuple vainqueur, toujours animé de ces vertus salvatrices : le travail et l'épargne ?

§ 4. — LES STABILISATIONS BELGE, POLONAISE ET ALLEMANDE

Les stabilisateurs évoquent, de moins en moins il est vrai, les exemples de la Belgique, de la Pologne et de l'Allemagne. La première stabilisation belge a été désastreuse pour le pays; la seconde s'entache des méfaits que je viens de signaler, atténués sur certains points, cependant, par suite des faits suivants : Création d'un étalon valeur-or, mesure tendant à une fixité pratique du change; consolidation de la dette flottante, par un emprunt gagé sur ressources nationales; différenciation radicale des conditions économiques belge et française.

La Belgique, en effet, n'ayant que de faibles ressources agricoles, est obligée d'importer les trois quarts de son alimentation; d'où déficit considérable de sa balance commerciale, circonstance qui influait directement sur le change de son franc-papier; l'industrie, seule, peut tenter de le combler par un surcroît d'exportations, dont le taux formidable devrait atteindre 80 % de la production nationale.

Ce pays fut donc acculé non seulement à l'expédient de la stabilisation immédiate du franc dévalorisé mais, aussi, au recours à la finance étrangère.

Les ressources de la plus grande France, compris colonies et protectorats, si nombreuses et si diverses, dans le domaine agricole et minier, surtout, permettent à notre pays de n'envisager aucune mesure précipitée de ce genre et, mieux, de recourir, avec ses seuls moyens, à la révalorisation bienfaitrice lente.

En faisant du franc-papier une fonction du belga, valeur-or de change, virtuellement fixe, la Belgique n'a pas fermé la porte à la révalorisation du franc-papier ; aujourd'hui le rapport entre les deux monnaies est de 5; demain, sous l'influence des événements intérieurs et extérieurs, une disposition légale pourra abaisser ce rapport; la mise au point se ferait facilement par le retrait des coupures mixtes, récemment lancées dans la circulation, et par l'émission de billets spéciaux, en francs révalorisés, ou, simplement encore, comme en Syrie, par des décrets constatant, périodiquement, cette révalorisation.

Sous cette réserve de révalorisation, la réforme monétaire belge présente les mêmes caractéristiques que celle exposée dans mon étude précitée; en effet : le belga est réglé à 0 g. 209 d'or fin; poids analogue à celui de 0 g. 215, préconisé pour le franc provisoire valeur-or, en métal monnayé, à raison de 9/-10es de fin.

Pour la Pologne, comme pour la Belgique, la première stabilisation fut un four; la deuxième ne vaut guère mieux : on se refuse à faire la stabilisation légale devant l'instabilité du zloty, l'augmentation croissante de l'indice de vie, les menaces de grève des ouvriers qui demandent une augmentation de salaire de 50% et une réduction des heures de travail.

La stabilisation allemande repose, également, sur la création d'un étalon monétaire valeur-or (en fait, celui ancien au pair), qui fut institué, toutefois, après l'avilissement complet du marck-papier, sur les ruines occasionnées par la banqueroute, conséquence dudit avilissement.

Cette solution est, évidemment, digne du pays vaincu : en supprimant la majeure partie de la dette intérieure, elle permet de faire face, beaucoup mieux, à la dette extérieure; nous devons nous en réjouir, ne l'imitons pas, surtout, même de loin.

La stabilisation préconisée encore par quelques-uns, chez nous, derniers échos de celle des experts, ne recèle même pas les quelques avantages des stabilisations belge et allemande : création d'un étalon valeur-or de change, disparition de la dette flottante. Il s'agit donc d'un projet bâti dans les nuages que la moindre bourrasque anéantirait.

Va-t-on, enfin, mesurer la profondeur du précipice dans lequel l'exécution d'une telle mesure nous jetterait irrémédiablement ?

§ 5. — LA STABILISATION ET LA LOI

Nous sommes toujours sous le régime légal de l'étalon monétaire franc-or, en vertu de la loi de germinal an X.

Il faudrait donc une autre loi pour instituer un unique étalon : le franc-or, différent de celui du pair, ou le franc-papier dévalorisé.

Quels sont le gouvernement national, le parlement philanthropique qui, dans les conjonctures actuelles, oseront élaborer une telle loi ?

Ne compromettons pas l'avenir.

Les stabilisateurs oublieraient-ils que la France existera encore dans un siècle, alors qu'elle aura remboursé, vraisemblablement, toutes ses dettes de guerre, depuis même longtemps, peut-être ?

Quelle figure ferait-elle dans ce monde, si seule, encore à cette époque, elle était sous le régime de l'indice de vie à 600 et du franc à 20 centimes, et quelle microscopique monnaie, représentant cet étalon, faudrait-il frapper ?

§ 6 — LES CRITIQUES DES STABILISATEURS CONTRE LA REVALORISATION TOMBENT L'UNE APRES L'AUTRE

D'après les prophéties sinistres des stabilisateurs, la revalorisation devait entraîner un ralentissement énorme des exportations; un déficit imposant dans notre balance commerciale; une diminution notable du chiffre d'affaires; une atteinte sérieuse à notre budget, etc.; or, c'est précisément tout le contraire qui a lieu et les disponibilités budgétaires sont telles que non seulement les arrérages des dettes intérieures et extérieures sont couverts largement, mais que l'amortissement de la dette intérieure, la réduction des avances de l'Etat à la Banque de France, la consolidation de la dette flottante se poursuivent et s'accentuent au-delà de toute espérance.

Ne nous inquiétons pas trop du chiffre, encore fort, des billets et des bons-monnaies en circulation: c'est seulement lorsque ces derniers auront été résorbés, ou, encore, transformés en titres de rente à longue échéance, qu'on pourra voir clair dans notre stock monétaire et en déterminer strictement le montant, d'après les besoins réels du pays, de manière à supprimer l'inflation latente, constituée par la pléthore de cet ensemble : monnaies fiduciaires et bons-monnaies.

Devant ces faits, alors que les impôts supplémentaires votés, pour 1927, ne sont pas récupérés, que nous traversons une période encore quelque peu troublée, hésitante, de réadaptation commerciale à la nouvelle valeur du franc, période qui, d'ailleurs, touche à sa fin, on conçoit que les stabilisateurs sont à bout d'arguments sérieux, perdent, de plus en plus, contenance, car toutes leurs théories s'écroulent ou s'anéantiront bientôt devant les événements heureux, concordants, qui se précipitent.

Aussi bien, les plus fougueux stabilisateurs techniciens parlementaires reconnaissent aujourd'hui, de bonne grâce, que les méthodes du gouvernement, concernant le redressement financier et monétaire, basé sur la revalorisation, sont les meilleures; c'est le plus précieux encouragement en vue de les continuer, qu'un gouvernement puisse recevoir.

Mais la politique ne perdrait-elle pas ses droits ?

N'a-t-on pas proféré les aphorismes suivants ?

1° La revalorisation, c'est la disparition d'un grand nombre de billets et, par conséquent, la diminution des salaires, des traitements, des pensions, des retraites.

Les stabilisateurs ne donneront pas le change auxdits intéressés qui, certainement, ne les prendront pas comme défenseurs de leurs intérêts et qui savent, parfaitement, se basant sur les faits, que la révalorisation aboutit à un résultat nettement contraire : la diminution de l'indice de vie, tout en augmentant, sous toutes les formes, les ressources de tous.

Stabilisateurs, ne cherchez pas à perpétuer l'inflation qui avilit notre franc !

2° La révalorisation favorise les créanciers.

Pourquoi ne pas employer la formule exacte : permet d'accomplir vis-à-vis des créanciers français, un acte de haute justice et de haute moralité; quant aux créanciers étrangers, ils ne recevront pas davantage de la France, mais celle-ci, avec un franc révalorisé, apprécié et accepté par l'étranger, réglera, avec effectivement moins d'efforts, de sacrifices pour elle, ses dettes extérieures, et, s'il y a lieu, son solde déficitaire de la balance commerciale. Là, encore, en dehors du simple bon sens, les faits le prouvent. Quand il s'agit de tansformer des francs en dollars, par exemple, en vérité, il vaut mieux que les premiers aient la plus grande valeur conventionnelle possible.

Les stabilisateurs confondraient-ils valeur intrinsèque avec valeur conventionnelle ? mais sous quelle forme acceptent-ils donc des dollars ? en pièces or, ou en papier comme pour le franc ?

3° Le bénéfice des rentiers, depuis plusieurs mois, a été évalué à 20 milliards par le gouvernement. Mais c'est un bénéfice purement nominal, impossible à réaliser par les rentiers (ce chiffre est aujourd'hui de 25 milliards, la poursuite de la révalorisation le portera à son maximum d'environ 50 milliards).

Comment ! mais le possesseur d'un titre peut toujours l'échanger, avantageusement, le vendre (il est même, trop souvent par les temps qui courent, obligé de le faire), en vue d'acheter, avec le plus grand profit, des denrées, des objets mobiliers, des instruments de travail, des immeubles, qui, précisément grâce à la révalorisation, tendent, proportionnellement, à baisser nominalement de prix, pour une même jouissance, ou un revenu équivalent, sinon plus élevé.

Ainsi donc, si son titre vaut 1.000 francs, au lieu de 500 francs, il pourra se procurer non pas seulement deux fois, mais plutôt trois fois plus d'objets, de services, que sous le régime de la stabilisation paradisiaque pour quelques-uns, on ne peut douter, mais pas pour le plus grand nombre, comme l'on voit.

50 milliards, ai-je dit, tel est le chiffre que procurera, de ce chef, la révalorisation, sans un centime de charge pour le contribuable et le Trésor, au contraire ; s'ils tombaient, uniquement, dans l'escarcelle des stabilisateurs, devant une telle aubaine, auraient-ils autant de dédain ?

4° En regard, il faut mettre les pertes sur les valeurs, qui ont été réelles et qui ont, en grande partie, profité à la spéculation étrangère.

Quelles valeurs ? On ne précise pas.

Nos titres français ? mais si leurs possesseurs avaient eu confiance en leur pays et ne les avaient pas jetés au panier, pour acquérir des titres exotiques, quelques étrangers, avisés, en dehors d'autres, bons français, ne s'en seraient pas rendus acquéreurs.

C'est une leçon qui pourra servir aux intéressés, lors des opérations futures de révalorisation.

— D'ailleurs, un débiteur a le droit de connaître, tout au moins, la nationalité de son créancier; l'Etat, quand il le voudra, pourra donc faire réintégrer, entre les mains des Français, les titres qui sont sortis de notre pays.

5° L'instabilité est la plaie de l'industrie, elle empêchera de réaliser les assurances sociales; elle ne permet pas d'assurer aux fonctionnaires un statut convenable. Le prestige de la France est en cause, comme la moralité des affaires et des particuliers. Seuls les agioteurs y trouvent leur compte.

Seule, la révalorisation, telle que je la préconise, appuyée de la stabilité du change, obtenue, en fait, aujourd'hui, permettra de répondre, d'une façon on ne peut plus satisfaisante, à ces constatations, toutes plus ou moins outrées d'ailleurs.

6° Une politique en faveur des rentiers, c'est très beau, mais le Trésor ne se videra-t-il pas en voulant payer les coupons ?

Nous en sommes bien loin. Il me semble que la France fait, de plus en plus, figure d'un débiteur honnête, tenant, avant tout, à honorer sa signature, et plutôt à l'aise, qui non seulement fait facilement face aux arrérages de ses dettes, mais, aussi, rembourse le capital.

Et pour qui donc tremblent les stabilisateurs ?

Admettent-ils que les étrangers soient payés intégralement de leurs avances, en leur servant un intérêt de 7 % or, et plus, tandis que les Français, pour 100 francs or, avancés, ne recevraient que 20 francs or, et un intérêt de 0 fr. 60 % or ?

Ce serait de l'altruisme bien mal compris.

Admettent-ils encore que les rentiers qui ont versé leur or à l'appel de la France meurtrie, après avoir été, pour la plupart, fortement lésés dans leurs revenus, comme propriétaires non exploitants, de fermes, de terres, ou non occupants, d'immeubles, se voient astreints indéfiniment, à peu près seuls, à couvrir les charges de la guerre, ce, pendant qu'autour d'eux s'élèverait une armée de profiteurs de la nouvelle guerre dorée ?

Ce serait de l'iniquité indigne d'un pays démocratique.

Admettent-ils encore, que, dans notre monde moderne, seule la classe des commerçants est digne d'intérêt, en faisant abstraction, plus ou moins, des fonctionnaires, des intellectuels ? Ce serait une erreur de visée qui pourrait coûter bien cher.

7° Les francs-papier ne constituent pas une richesse du pays.

Tous n'ont pas dollars et livres dans la poche, des valeurs-or, suivant l'expression des stabilisateurs, et c'est uniquement avec notre monnaie nationale, du vulgaire franc-papier, que l'immense masse des français assure sa subsistance ; c'est, pour un grand nombre, la véritable et seule richesse.

8° Dans le dénombrement des richesses de la France, on ne doit pas y faire figurer le montant des rentes.

Ah ! voilà bien l'erreur fondamentale des stabilisateurs du premier groupe financier et industriel.

Ils oublient cet axiome : deux genres de ressources existent : celles en voie de formation, celles acquise (tant convoitées par les stabilisateurs d'occasion du 2ᵉ groupe : les socialistes révolutionnaires ; où frapperaient-ils donc, désormais, si celles-ci, en grande partie, leur échappaient ?)

Parmi ces dernières se range, tout naturellement, la rente. Ils oublient qu'une telle ressource alimente la bourse de la grande masse, faisant partie des classes moyennes et pauvres.

Que, mieux, que tout autre ressource, elle restera en France, s'y fixera, sous forme d'immeubles, fera retour, partiellement au Trésor, contribuera à faire prospérer le commerce intérieur, soit directement, soit par investissement dans nos grandes Sociétés, et qu'ainsi elle incitera à l'abaissement du loyer de l'argent, au profit de ces Sociétés et de l'État.

Ils oublient, médusés par le mirage trompeur d'une surexportation excédant nos facultés économiques que, dans une nation, il y a deux catégories de gens : des vendeurs et des acheteurs et que les premiers, dans leur généralité, ne prospèrent que de l'aisance ou de la prospérité des autres, principe qui s'applique plus particulièrement à notre pays.

Ils oublient, enfin, que cette ressource n'est que la juste rémunération de capitaux prêtés par la génération de la guerre, qui a sauvé la France, et qu'elle constitue le fruit de son labeur jusqu'à l'âge, avancé, de 55, 60 ans et plus.

Stabilisateurs n'incitez pas, par un trop facile appât du gain, la jeunesse actuelle à priver, la Nation, de son activité, de son intelligence, en se retirant des affaires « après fortune faite », à l'âge où leurs ancêtres tiraient encore le diable par la queue. Ce serait, vis-à-vis des autres nations, affaiblir notre pays.

Et ne privez pas les particuliers, l'Etat, le monde commercial et industriel des avantages qu'ils recueilleront, à cause de sa diffusion dans les meilleurs milieux, du plein effet de ladite ressource, grâce à la révalorisation, jusqu'à sa résorption au bout de trois générations, sans doute ; car vous iriez, précisément, à l'encontre du but que vous vous proposez.

§ 7. — 1ʳᵉ ETAPE : LA RÉVALORISATION BRUSQUÉE

Je ne m'attarderai pas à entrer dans les détails quant à la justification de la révalorisation brusquée du franc ; j'ai d'ailleurs signalé, en passant, dans les paragraphes précédents, quelques-uns de ses heureux effets ; de plus, j'épuiserais le sujet, dans le § 9, en parlant des bienfaits de la révalorisation en général.

C'est grâce à elle que l'indice de vie n'eut pas le temps de s'adapter à la cotation, au change, du franc, et ne monta pas à 1.000 : ce qui aurait plongé le peuple français dans une effroyable misère.

Le chômage actuel, déplorable, évidemment, pour les salariés qui en sont victimes, n'est en somme, partiellement que la résultante obligée d'une situation tendant au désastre, qu'il fallait, à tout prix, enrayer, épurer, harmoniser avec les conditions économiques normales du pays. Une seule mesure pouvait atteindre ces fins : **la révalorisaion brusquée.**

Pour une autre partie, le chômage relève, normalement, de la raison saisonnière.

Pour une troisième partie, (comme l'atteste, par exemple, la crise des transports locaux) il a pour déterminatif la diminution du pouvoir d'achat, dans les classes ouvrières et moyennes, due à la persistance d'une trop grande dévalorisation du franc, qui épuise non seulement leurs revenus mais aussi leurs capitaux.

Pour une dernière partie, enfin, il se rapporte à la grève volontaire des acheteurs provoquée par la résistance, à la baisse, de certains vendeurs.

Sans doute, si l'aboutissement de la révalorisation brusquée s'était produit en été, le chômage aurait été fortement atténué ; car la main-d'œuvre, libérée, aurait été absorbée, facilement et avantageusement, par l'agriculture ; mais les événements, seuls, ont décidé, dans l'espèce.

D'ailleurs, le chômage n'atteint pas 100.000 salariés; dans quelques pays à monnaie stabilisée, il se chiffre par un, ou près de deux millions, et est à l'état chronique.

Mettre en lumière les différentes causes du chômage, c'est en révéler les remèdes qui ne peuvent être que les suivants :

1° Remploi dans l'agriculture et les exploitations minières nationales et coloniales, très avantageusement pour les salariés, en vue d'une surproduction profitable à tous tendant à abaisser le coût de la vie, du déchet de main-d'œuvre industrielle et commerciale. (Pour l'avenir, on dirigera les jeunes gens, particulièrement, vers ces sources de production).

N'oublions pas que ce déchet se compose, surtout, d'une main-d'œuvre d'appoint, de minime valeur, et d'un rendement faible, mise au service, depuis quelques années seulement, de la néfaste surexportation, et, ce, au détriment de l'agriculture.

En se privant de cette main-d'œuvre, trop peu productive et si peu qualifiée, les employeurs ne vont pas à l'encontre de leurs véritables intérêts, au contraire.

L'illusion, entretenue, d'un remploi, proche, dans l'industrie et le commerce, par le stratagème d'une réduction des heures de travail, des journées ou du salaire horaire, serait une bien grave faute, si elle se perpétuait.

La production horaire et celle mensuelle de l'ouvrier français, avant le chômage, étaient déjà trop faibles ; n'accentuons pas cette situation qui nous mettrait dans un état d'infériorité trop grande vis-à-vis de l'étranger et jetterait dans la gêne, injustement, le bon travailleur, le collaborateur intelligent, alors qu'il faut tendre, au contraire, à augmenter la puissance d'achat du salaire de tous, suivant les mérites, les services de chacun et en fonction de la prospérité économique du pays ; telle doit être la loi d'une société bien organisée. Le chiffre imposant du commerce extérieur national : 120 milliards par an, et je ne parle pas du commerce intérieur, permet, en vérité, de réaliser, aisément, de tels desiderata.

Et puis, ne perpétuons pas une telle situation qui aboutirait, promptement, à faire ancrer dans les mœurs le dégoût du travail ; ce serait désastreux. Prenons garde.

2° **Révalorisation lente** du franc.

Au § suivant, j'en examinerai le dispositif et ferai ressortir que, contrairement aux assertons des stabilisateurs, elle n'engendrera pas le chômage.

§ 8. — 2ᵉ ETAPE : LA REVALORISATION LENTE

On le sait, le gouvernement sollicité, par les intéressés, de mettre un frein à la révalorisation du franc, devenue inquiétante pour eux, qui s'accentuait sous la pression naturelle des événements, sacrifia, en Bourse, une certaine masse de francs, et ces sacrifices, au dire des initiés, continuent.

C'est que le franc-papier, estimons-nous en heureux, recèle en lui-même un pouvoir puissant de révalorisation, stimulé aussi bien par l'ultime volonté du peuple français de redonner à notre étalon monétaire son ancien prestige et son pouvoir acquisitif d'autrefois, que par le désir de l'étranger qui, comme tout créancier, ou simple commerçant, est intéressé à voir son débiteur, ou son acheteur, en bonne situation financière et monétaire, autrement dit, à voir, entre ses mains, comme instrument de payement, une monnaie appréciée, pour parler dans le langage imagé des financiers.

Cette situation, les faits et les déductions précédemment exposés tracent notre devoir impérieux : **Poursuivre la révalorisation du franc sous une forme lente** ; mesure constituant la 2ᵉ étape à entreprendre aussitôt après l'adaptation du monde économique au nouvel état de choses, (question sans doute, de 2 ou 3 mois, suivant l'appréciation, elle-même, des stabilisateurs), car on ne doit pas perdre de temps, il faut battre le fer quand il est chaud et ne pas attendre que l'indice de vie se cristallise au chiffre actuel, sinon à un chiffre supérieur.

Cette mesure doit remplir une condition : **fixité pratique du change.**

Or, au dire des stabilisateurs, une variation de 10 points, (ils ont donné comme exemple la cotation de 120 à 130) soit 8 % de la valeur acquise du franc-papier, n'enlève pas, au change, le caractère de fixité, dont je parle, et n'appore aucun trouble appréciable aux affaires.

On en conclut qu'une **révalorisation semestrielle de 5 %**, en moyenne, semble bien appropriée aux exigence économiques ; les écarts dans un sens ou dans l'autre, par rapport au chiffre de révalorisation acquis, ne devant pas, d'ailleurs, dépasser 4 %.

Le gouvernement laissera donc, à nouveau, le franc se révaloriser sous l'influence des forces naturelles, toujours agissantes ; au besoin, il encouragera, il provoquera cette révalorisation.

Dans tous les cas, maître absolu du change, il l'a surabondamment prouvé, son action, aussi simplifiée que possible, qu'il exercera avec les moindres sacrifices pécuniaires, tendra à obtenir, dans le temps le plus court, toutefois, afin d'éviter la spéculation, si minime qu'elle soit, le taux de révalorisatoin semestrelle qu'il aura lui-même fixé, suivant les circonstances, tout en ne s'écartant guère de celui moyen.

Il s'agira, ensuite, de maintenir, comme aujourd'hui, le cours, ainsi fixé, du franc, dans les limites qui répondront à la règle que s'assignera le gouvernement à ce sujet.

Ainsi chaque révalorisation semestrielle, précipitée, du franc, serait suivie d'une très longue période, relativement, de stabilité du change, nécessaire et suffisante au commerce d'ailleurs.

Une question se pose ici :

N'y aurait-il pas lieu de sanctionner, par un décret, chacune des révalorisations semestrielles du franc-papier, ainsi acquise, comme on le fait en Syrie française, d'après un étalon or fixe ?

Certes, ce n'est pas d'une nécessité absolue, puisque le gouvernement a la maîtrise du change ; mais il faut compter sur les coups de Jarnac de la politique. C'est pourquoi je reste convaincu que pareille mesure ne peut avoir que des répercussions heureuses sur la fixité du change ; ce qui tendra à réduire nos interventions pécuniaires dans cet ordre ; elle apportera, en outre, dans les affaires intérieures, un puissant élément de sécurité, d'ordre, d'apaisement et tendra à la cessation de la pratique, nuisible au commerçant loyal, comme au consommateur, des fluctuations de prix irraisonnées, puisque le franc-papier, dans les relations intérieures, je précise, aura, pendant chacune des périodes de 6 mois, quelle que soit sa cotation au change, une valeur conventionnelle absolue, invariable : celle acquise immédiatement après chaque révalorisation.

Il est tout naturel et légal, d'ailleurs, de baser cette valeur sur celle, théorique, du franc-or, devenant unité de compte, évaluée, d'après la valeur du dollar (parce que aussi peu variable que possible) au commencement de chaque période semestrielle s'ouvrant par la stabilité du change, autrement, par la révalorisation acquise.

Il va de soi que, pour les relations extérieures, le franc-papier pourra être évalué en tenant compte des fluctuations du change, d'ailleurs légères.

Ainsi, dans cet état de choses, le commerce n'a aucun aléa à encourir, aucune perte, pour lui, n'est à prévoir, au contraire : étant toujours maître, dans une large mesure, de ses prix de vente à l'intérieur, il peut gagner, s'il lui plaît, ce que lui procurera la révalorisation extérieure du franc, par période semestrielle, du fait des importations. Dans tous les cas, il passe ses marchés, procède à ses stocks, établit ses prix de vente, en toute connaissance de cause.

Telle est la plus sûre, la plus juste, la véritable stabilité légale qu'on puisse appliquer au franc-papier.

La fixité du change, envisagée périodiquement, entraînera la stabilité relative de l'indice de vie, pendant le temps correspondant.

Il y aura adaptation, au change, de cet indice, petit à petit, au bout de quelques mois, sans à-coups, automatiquement, ce qui sauvegardera les intérêts des commerçants.

Si cette adaptation ne s'est pas faite intégralement, d'une façon générale, en suite de la révalorisation brusquée, trouvons-en la principale raison dans ce fait que certains commerçants ont pris, pour des réalités, l'utopie, inlassablement propagée, encore, de la stabilisation immédiate, parce que symbolisme de la vie plus chère.

Quelques-uns, même, bravant l'opinion, sont allés plus loin : ils ont majoré, plus ou moins fortement, leurs prix pour 1927, pendant que d'autres soldaient à des prix plutôt dérisoires.

Par contre, de bons Français, avisés, directeurs de nos plus populaires et plus grands établissements commerciaux et industriels (je ne précise pas davantage, ne voulant pas faire de réclame) ont, depuis un mois environ, sensiblement et raisonnablement abaissé leurs prix, qui ressortent à un indice inférieur à 500. C'est démonstratif ; le public a fait son choix ; sa conviction est bien assise ; qui en douterait devant la grève volontaire de l'acheteur, dont le commerce intérieur pâtit encore ?

Ainsi, c'est sous l'effet de la concurrence intérieure, loi inéluctable, que l'indice de vie s'adaptera au change ; elle sera stimulée par la concurrence venant de l'extérieur.

Le rôle du gouvernement consistera à protéger le commerce loyal ; soit, dans l'ordre intérieur, à réprimer les abus nuisibles à tous, dans celui extérieur, d'accord avec le haut commerce, à réglementer les entrées et les sorties de marchandises, à dominer, limiter la concurrence extérieure, de manière, toutefois, à ne jamais perdre de vue l'intérêt général de la Nation. D'heureuses conventions industrielles et commerciales avec l'Allemagne, particulièrement, entrent dans cet ordre d'idées.

C'est donc sur le change, base d'action du commerce, déterminatif de la valeur conventionnelle intérieure du franc-papier et, par suite, de l'indice de vie, que doivent s'exercer la vigilance, l'action du gouvernement.

L'application d'un tel programme occasionnera-t-elle, nécessairement, le chômage ? Je dis, énergiquement, non.

Sans doute, il peut s'accompagner de déchets industriels salutaires, dans certaines industries parasites, en voie de disparition, non susceptibles de s'adapter aux inexorables conditions économiques mondiales de l'avenir, mais, parce que prévisibles par le patronat et le salariat, ces déchets se résolveront par des remplois où ils seront à leur vraie place, sans passer par l'état morbide du chômage.

Quelle doit être l'ampleur de la révalorisation ?

Sans doute possible, on doit la poursuivre jusqu'à l'obtention du pair.

Mais, ici, une nouvelle question se pose :

Sur la base d'une majoration moyenne de 5 % par semestre, le retour au pair s'effectuerait dans 15 ans, soit en 1942.

Quelle sera, à cette époque, la puissance économique de la France ? Je ne dis pas, comme les stabilisateurs, l'évaluation de sa richesse, mesure d'appréciations nébuleuse, impondérable, où l'on l'on ne fait pas, toujours, entrer les ressources inépuisables, en grande partie inexploitées, de notre imposant domaine colonial, l'appoint précieux provenant de nos provinces recouvrées, essentiellement riches et actives, l'apport supplémentaire d'une plus grande capacité de production, dans nos régions restaurées, et, surtout, les forces régénératrices puissantes que le Français recèle en lui, dont le travail et l'épargne, susceptibles d'un bien plus ample développement, malgré les attaques des prophètes de malheur, sont la base la plus sûre.

Quelle sera, dis-je, cette puissance économique ? Personne n'en sait rien ; il serait donc absurde, par la mesure intempestive qu'est la stabilisation des stabilisateurs, de fixer notre sort irrémédiablement, dès aujourd'hui, sur une telle inconnue.

Qu'il me suffise de dire, ici, que, malgré le pessimisme distillé à jets continus par les stabilisateurs, notre pays présente, par son chiffre global des importations et des exportations (120 milliards par an), une capacité d'échanges commerciaux avec l'extérieur, bien supérieure à celle d'avant-guerre et que sa puissance économique, en général, est certainement en voie de sensible progression.

Ce n'est d'ailleurs pas tant cette puissance économique, elle-même peu saisissable dans ses divers éléments, qu'il faut apprécier, dans l'espèce, ce ne serait pas suffisant, mais, plutôt, ce qui est uniquement palpable vis-à-vis du problème de la dette publique qui nous intéresse, c'est-à-dire la puissance contributive du pays, dans l'avenir. Tout est là.

Eh bien, nous sommes encore, ici, dans le domaine de l'inconnu.

Tout ce qu'on peut dire de positif, c'est que cette puissance contributive est, actuellement, très largement suffisante, avec l'apport de l'Allemagne et de certains autres pays, pour répondre à toutes nos obligations intérieures et extérieures, en ce qui a trait aux arrérages et à l'amortissement de nos dettes, de plus, se trouve accrue par rapport à celle d'avant-guerre, se révèle plus grande qu'on se plaît à le proclamer et s'amplifiera, encore, dans l'avenir, du fait d'une réorganisation économique, d'une surproduction, et surtout, d'une réforme fiscale, qu'on ne peut entreprendre, certes, aujourd'hui, avec toute l'ampleur désirable, mais qui fatalement, petit à petit, s'accomplira, entrera dans les mœurs, s'imposera à tous, parce que basée sur une plus grande justice fiscale, et qui sera d'autant mieux facilitée que la puissance d'achat de la plus grande masse se présentera fortement accrue, du fait de la révalorisation.

Aussi bien, ce n'est pas tant les questions de capacité économique et contributive du pays, dans l'avenir, parce que inconnues, qui puissent permettre d'envisager une prévision, dans une décade à une décade et demie (encore moins une décision immédiate ou à brève échéance) qu'une question, positive, de justice.

Il s'agit, je l'ai dit, de la dette publique intérieure, se chiffrant actuellement par 20 milliards de francs-papier, ce qui n'a rien d'astronomique, au regard, par exemple, du chiffre commercial.

Sans nul doute, il faut rembourser, aux prêteurs, le capital déboursé par eux et, d'ici là, leur servir l'intérêt promis, non pas seulement en chiffre nominal, ce qui serait un leurre, mais, effectif.

Or, ces conditions seront remplies automatiquement, lorsque le franc ne subira plus qu'une dépréciation de 33/100es environ.

En prenant comme base exactement ce taux, on ménage, ainsi, la réémission de nos monnaies d'argent, qui pourraient alors être considérées, à peu près, comme monnaies d'équivalence ; jusqu'à la réémission de notre ancien numéraire d'or, lorsque le franc sera revenu au pair.

A ce moment, lesdites monnaies d'argent, s'incorporeront tout naturellement, à notre système monétaire, retrouvé.

C'est pourquoi on peut prévoir, dès aujourd'hui, une stabilisation provisoire du franc, étalonné au poids de 0 gr. 215 d'or monnayé (voir § 4), représentant exactement les deux tiers du franc-or légal ; cette stabilisation sera maintenue pendant un long laps de temps, afin de permettre le règlement, tout au moins en majeure partie, de la dette intérieure.

Quel sera le surcroît de charge de nos arrérages, du fait de la révalorisation poussée jusqu'à l'étalon de 0 gr. 215, représentant un franc de 67 centimes, ce qui nous amène à 1939 ?

Ce surcroît de charge mesurera le surcroît de puissance contributive qu'il conviendra de réaliser.

Le voici :

Nos 20 milliards d'arrérages actuels seront devenus à cette date, par suite d'amortissement, environ 17 milliards de francs, soit, à 67 centimes, en milliards or : 11,4.

Les recettes complémentaires provenant du plan Dawes, à partir de 1929, seront de 17 millions de livres environ, à déduire, soit : 0,4. (Les stabilisateurs feignent d'ignorer, en effet, que les recettes de cette nature, à partir de ladite date, dépassent, de ce chiffre, les charges annuelles constituant notre dette extérieure).

L'accroissement de recettes provenant d'un meilleur rendement de nos créances à l'étranger (pensons surtout à la Russie ; actuellement ce rendement est de 30 millions de livres, soit : 0.750).

Le boni provenant d'une diminution de nos charges de défense nationale.

Le gain résultant de la révalorisation, du fait, par exemple, des importations, des apports d'excursionnistes, etc...

La plus-value provenant de la balance commerciale, du fait d'une réduction très sensible du chiffre des importations inutiles.

Accroissement de recettes, boni, gain et plus-value, qu'il convient, également, de déduire pour un total difficile à apprécier, peuvent représenter plusieurs milliards.

Or, la charge actuelle des arrérages de notre dette intérieure étant, à l'indice de dépréciation de 5, de 4 milliards or, il s'en suit que ledit surcroît de cette charge, toutes déductions faites, d'ailleurs en progression jusqu'en 1939, en dégression, après, se traduit, pour le chiffre maximum, par un nombre de milliards très sensiblement inférieur à 7, telle est la mesure du surcroît de puissance contributive dont il s'agit, lequel n'apparaît pas du tout devoir excéder nos capacités financières et économiques.

Comment donc, dans ces conditions, qualifier l'acte empêchant de recourir à l'expérience, qui s'impose, de la **révalorisation lente ?**

Au bout de quelques années, cette expérience permettra d'apporter des précisions éclatantes pour tous, on ne peut en douter.

Il peut se faire, en effet, que les facultés contributives du pays permettent de revenir au pair bien plus tôt qu'on le pense et que les rentiers, en ce qui a trait à leurs pertes considérables passées, présentes, futures, et aussi, en général, les classes moyennes et pauvres se trouveront, en définitive, mieux favorisés que le laisse entrevoir la mesure envisagée d'une longue stabilisation provisoire du franc à 67 centimes.

En toute justice, ce serait à souhaiter.

Dans tous les cas, le dernier argument, après tant d'autres, développé par les stabilisateurs contre la révalorisation, tombe, après un examen approfondi de la question.

§ 9. — LES BIENFAITS DE LA RÉVALORISATION EN GENERAL

Je ne répéterai pas, ici, ce que j'ai dit au sujet des révalorisations brusquée et lente ; les avantages qui s'y rapportent s'accentueront au fur et à mesure du développement de cette dernière, jusqu'à son aboutissement normal : le pair.

La révalorisation accroîtra le pouvoir d'achat du plus grand nombre, incitera, automatiquement, au développement salutaire du commerce intérieur et colonial : le manque de gain, pour quelques-uns, trop souvent factice d'ailleurs, sera donc largement compensé par les bénéfices de bon aloi, du côté intérieur.

La France se doit à elle-même et aux autres de revenir au prestige de son franc, de reposséder une monnaie appréciée. Or, que faut-il entendre par ce qualificatif ? (les stabilisateurs ne s'y méprennent pas) une monnaie au pair.

Une telle monnaie est, pour notre pays, le gage d'une situation économique et financière saine, épurée, d'un apaisement social, le témoin d'une organisation redevenue normale, d'une justice fondamentale recouvrée, intéressant non seulement tous les créanciers, mais aussi la généralité des Français.

Ainsi, nous écarterons la banqueroute frauduleuse (employons l'expression qui conviendrait dans le cas de stabilisation prématurée) et la mesure inique qu'est la conversion du taux de la rente, autre forme de la banqueroute ; solutions déshonorantes désagréeantes qui seraient en outre, hélas, imitées, par les Sociétés, les particuliers, même.

N'atteignons pas le moral de la Nation, car c'est une force, trop précieuse dans tous les domaines, qu'il faut ménager à tout prix.

N'atteignons pas son crédit grandissant, grâce à la révalorisation. Qui demain prêterait à l'Etat banqueroutier ? et à quel taux usuraire ?

On pourrait en dire autant des Sociétés.

Sous le régime de la révalorisation, point n'est besoin, comme les stabilisateurs nous y incitent, d'accumuler un fort stock de devises étrangères achetées, le plus souvent, en Bourse moyennant des sacrifices considérables, inutiles ; point n'est besoin de recourir à des crédits, des emprunts étrangers.

Il suffit que le stock de telles valeurs, auquel s'ajoutent l'apport de devises laissées en France par les excursionnistes étrangers et celui des arrérages de nos créanciers étrangers, réponde, largement, si l'on veut, au chiffre annuel du déficit possible de la balance commerciale ; ainsi la stabilité du franc, au change, sera assurée aussi bien que possible.

Abandonnons donc le système onéreux et préjudiciable au prestige, au relèvement de notre franc, qui consiste à gager nos entreprises nationales au moyen de valeurs étrangères.

La révalorisation lente, aura, en outre, pour effet, de réduire jusqu'à l'extinction, parce que complètement inutile, lorsque le franc redeviendra une monnaie appréciée, la masse de manœuvre, constituée en valeurs étrangères, aujourd'hui employée, plutôt onéreusement, à défaut de notre or, pour soutenir la stabilité du franc, en Bourse.

La révalorisation, en inspirant confiance à tous, en consolidant le crédit de l'Etat et, par répercussion, celui des départements, des communes, des sociétés administratives, commerciales, industrielles, tend à l'abaissement du loyer de l'argent, si désirable pour l'économie nationale, elle permettra, comme il conviendrait de le faire, d'émettre nos prochains emprunts de consolidation, au taux de 6 % et moins ; elle permettra leur intensification, nécessaire à un prompt assainissement financier.

Salaires, traitements, pensions, retraites, seront fonction de l'indice légal de dépréciation du franc-papier, par rapport au franc-or légal ; mais on tendra à ce que leur pouvoir d'achat, soit, au fur et à mesure de la prospérité du pays, sensiblement accru.

Je précise : Demain, par exemple, on décrète que cet indice est fixé à 500, correspondant au prix de la livre à 126 fr., ou à une valeur de 20 centimes pour le franc-papier.

Afin de constituer un point de départ fixe, comme base de compte, on évalue ceux-ci, en francs-or, en divisant leur chiffre, actuellement acquis en centimes-papier, par 500 ; on continue, évidemment, à payer en monnaie courante ; absolument rien n'est changé par conséquent.

Notons que l'indice de vie est à 585 ; ce qui correspond à l'indice 117, en francs-or.

Envisageons un salaire, un traitement, une pension ou une retraite se chiffrant actuellement par 585 francs papier ; l'équivaleur en francs-or est donc : 117 francs.

Reportons-nous au deuxième décret de révalorisation légale du franc, fixant, par exemple, le franc-papier à l'indice de dépréciation, de 476 (consacrant une première révalorisation de 5 %, à 21 centimes ; soit, pour la livre : 120 francs).

Le produit de ce nouvel indice, multiplié par 117 : 556 fr. 90 est la somme qu'il y aura lieu de verser.

Deux conditions seront à observer par le gouvernement.

Ce deuxième décret ne paraîtra que lorsque : 1º la livre sera virtuellement fixée à 120 francs ; 2º l'indice de vie sera nettement ramenée à 556 fr. 90, ou à un chiffre inférieur.

Il est de toute évidence que dans ces conditions, le pouvoir d'achat de la deuxième recette : 556 fr. 90 est identique (sinon supérieur) à celui de la première recette : 585 francs ; aucune perte, au contraire, n'est donc à prévoir pour le bénéficiaire ; il n'y aura pas, comme l'insinuent les stabilisateurs, de diminution des rétributions, dans le sens (le seul qu'il convient d'envisager) de pouvoir d'achat des rétributions.

Aucune réclamation n'est, par suite, possible de la part des intéressés.

Bien mieux, ceux-ci bénéficieront d'un gain, certain, celui afférant à la puissance d'achat, accrue, de leur recette de 585 francs, en regard d'un indice de vie s'étant abaissé de 585 francs à 556 fr. 90.

En outre, ils bénéficieront d'un autre gain, celui provenant de la diminution, suivant une allure proportionnellement plus grande que celle ayant trait au taux de révalorisation du franc au change, de l'indice de vie établi en francs-or, qui, après une légère montée, s'effectuera, inéluctablement, jusqu'à atteindre un chiffre inférieur à 100, sous l'effet de la loi mondiale de réorganisation financière et économique, stimulée par la concurrence.

Il va de soi qu'à chaque révalorisation on peut appliquer des raisonnements analogues, et que, par la suite, l'évaluation de base des salaires, traitements, pensions, retraites, peut-être majorée dans des cas d'espèce et en raison de la prospérité croissante du pays, conformément aux lois administratives, économiques, sociales ; ce sera l'objet de nouveaux gains.

Il est un point important, sur lequel j'appelle l'attention, en vue de l'assainissement véritable de notre monnaie, à poursuivre inlassablement : c'est la discrimination des monnaies et des titres portant intérêt.

Or, il existe un stock de bons de la Défense Nationale et de bons du Trésor, portant intérêt (50 milliards environ), dont une petite partie a encore le caractère de bons-monnaies ; il convient donc de transformer, dans le plus bref délai, cette partie, en titres de rentes à longue échéance.

Félicitons le gouvernement d'être entré, résolument, dans cette voie.

Les experts ont préconisé de gager, sur nos ressources monopolisées, le stock total de ces bons, à l'exclusion de toute autre dette ; est-ce parce qu'il constitue, surtout, la monnaie des grands manieurs d'argent, qui se trouve, ainsi, à l'abri de toute éventualité ?

Or, cette monnaie, non seulement constitue une charge inutile à l'État, à cause de l'intérêt servi au détenteur, mais est fort nuisible à la monnaie nationale : le billet de banque ; elle avilit le franc.

Donc, je le répète encore dans cette nouvelle étude : discriminons toute notre monnaie des titres à intérêt, dont le remboursement est susceptible de se faire à longue échéance, par le système des emprunts de consolidation ; gageons notre monnaie nationale, au moyen de nos ressources nationales ; tel doit être le processus de l'assainissement monétaire.

Les experts ont voulu faire le contraire ; c'était mettre la charrue devant les bœufs, accentuer le mal.

Les techniciens belges, en effectuant leur réforme monétaire ont apporté, quant à la question de la discrimination dont il s'agit, le plus flagrant démenti aux théories de ces derniers.

§ 10. — CONCLUSION

Le France ne retrouvera sa santé économique et morale, le bien-être d'avant-guerre, l'apaisement moral et l'équilibre des différentes classes de la Nation que lorsqu'elle aura recouvré ses conditions de travail et d'économie d'autrefois, résultantes de sa situation géographique, des facultés productives de son sol, auxquelles se sont façonnés, dans la longue suite des siècles, les mœurs, le caractère, la mentalité de l'habitant. On ne change pas impunément, d'une façon brusque surtout, de telles harmonies.

Sans doute, et c'est la loi naturelle inexorable régissant les nations comme les individus qui les uns et les autres, naissent, croissent et meurent, il faut régénérer l'organisme, afin de retarder le déclin ; mais cette revivification ne peut se faire que lentement, à petites doses, sous peine de rupture des rouages.

Certes, l'idée n'est pas nouvelle ; pour y répondre, on a préconisé la fameuse politique de la repopulation de notre pays. C'est une chimère qui nous coûte cher.

La solution est autre : serions-nous myopes et ne verrait-on pas ce qui se passe, depuis un siècle, en Amérique ?

En gens pratiques, là-bas, on applique, sur une vaste échelle, la doctrine de l'immigration de désirables ; elle a produit des merveilles ; c'est la sélection raisonnée des élites qui par surcroît doivent posséder obligatoirement un certain avoir.

Voilà le mystère de la prodigieuse prospérité de l'individu et, conséquemment, de la Nation.

Cette solution vaut mieux, j'estime (qui donc en douterait encore, après l'épouvantable ruée de 1914) que celle toujours en honneur, hélas, se traduisant par l'invasion armée, massive, brusquée, d'un peuple atteint de pléthore, à la recherche d'un exutoire, sous l'empire de la loi impérieuse du besoin de bien vivre. Ici, on ne connaît guère que l'immigration des indésirables.

Abandonnons, donc, ces idées vieillotes, d'une autre ère ; ayons confiance en nous ; croyons au siècle de l'aviation, de la T. S. F. ; marchons dans la voie du progrès.

N'est-il pas rassurant (et pénible tout à la fois) de constater qu'aujourd'hui l'Allemagne demande, la première, l'internationalisation des forces de police, garantissant la sécurité de tous, sur une partie de son propre territoire rhénan ?

J'avais prévu cette évolution de l'Allemagne dans mon étude : « La présente guerre devra être la dernière guerre. Moyens d'arriver à ce résultat. Août 1916. D.-Z. B. » ; qui constitue le premier projet concret de la Société des Nations.

Ah ! il y a quelque chose de changé, en ce monde : il faut, sous peine de sombrer, aller de l'avant, et ne pas s'arrêter à des demi-mesures terre à terre, de courte vue, entravant notre évolution rationnelle dans un monde qui progresse à pas de géant.

L'évolution du franc, vers le pair, permettra, à jets continus, la diffusion, dans les masses, de la richesse liquide constituant l'arrérage de la rente ; aura pour effet le bien-être, croissant, du plus grand nombre, par l'abaissement, raisonné, de l'indice! de vie ; accroîtra le commerce intérieur, condition future de notre relèvement économique, qui ne doit et ne peut s'appuyer, uniquement, sur le commerce d'exportation, ce à quoi incite la stabilisation.

Le franc, enfin, pleinement révalorisé, constituera pour la France, de lui, inséparable, le symbolisme de son relèvement, l'unique instrument possible de ce retour à l'état normal dont je parlais à l'origine du présent paragraphe.

Il fut sa gloire ; seul, il est digne d'un grand pays, du pays victorieux.

Nous avons vu la guerre : ne voyons pas la chute.

Angers, 23 mars 1927.

D.-Z. B.

S. Cartereau

5 Rue Bertin.

NOTE DE L'AUTEUR

J'ai fait ressortir, au § 9, qu'en France l'indice de vie, exprimé en or, était, actuellement, à 117. Dans les pays étrangers cet indice est généralement plus élevé : il varie, environ, de 150, en Allemagne, à 160, en Grande-Bretagne.

Pour l'indice de vie, 640 et l'indice de dépréciation, 400, l'indice, or, en Italie, ressort à 160 .

Quelle est la signification de ces chiffres ? Les stabilisateurs croient à une dépréciation intrinsèque de l'or, d'environ 50 % (j'admets, plutôt, une légère augmentation de cette valeur), conception évidemment fausse, tendant à l'absurde, lorsqu'ils en tirent des déductions expliquant, par exemple, nos indices en francs-papier.

La valeur intrinsèque mondiale, de l'or monnayé, doit être considérée comme fixe, dans les temps considérés ; et cet aphorisme ne serait-il pas absolument exact, il conviendrait de l'admettre comme tel, pratiquement ; il est, en effet, impossible d'étayer un raisonnement acceptable sur une base aussi mobile, aussi divergeante qu'est l'appréciation fantaisiste, donnée par les stabilisateurs, de la valeur intrinsèque actuelle de l'or, monnayé, par rapport à sa valeur d'avant-guerre.

Ce qui a varié, augmenté, c'est la rétribution effective, en unités or, des marchandises, des services, sous l'effet des impôts et des frais généraux de la production, en main-d'œuvre, particulièrement, rétribution accrue un peu partout, plus ou moins, en ce monde.

Or, en France, l'impôt, qui d'ailleurs a été majoré, depuis 1914, dans une proportion plutôt moindre qu'en Allemagne et en Angleterre, par exemple, joue le principal rôle actif dans cet indice, or, de 117.

En retour, la faiblesse relative de ce chiffre provient surtout des moindres dépenses en rétribution des salariés et des fonctionnaires.

Ces constatations appellent les déductions suivantes :

Le décalage, relativement important, en faveur des budgets publics, de l'indice de vie or, par rapport à ceux étrangers, laisse donc, dans le système de révalorisation que je préconise, une marge, qui, tout en permettant au commerce de conserver ses positions mondiales légitiment acquises, et, aux employeurs, d'augmenter effectivement les émoluments, fait nettement ressortir que les facultés contributives du pays, autrement dit les impôts, peuvent encore s'accroître.

L'indice de 117 est donc, une variable qui, lentement, pourra s'élever vers les indices analogues étrangers, constituant, eux-mêmes, d'autres variables, en voie de décroissance.

On peut admettre que l'indice culminant, concernant notre pays, pourra se chiffrer par 140, environ, dans quelques années, sans qu'à ce taux il apporte le moindre trouble économique ou social.

Comme partout, d'ailleurs, il tendra ensuite à décroître, je le répète, jusqu'à un chiffre inférieur à 100.

N'oublions pas, toutefois, que l'indice actuel : 117, reste, comme je l'ai expliqué au § 9, la base de compte attributive des émoluments en francs-papier.

L'indice de vie, réel, variable, du franc-or et celui de dépréciation du franc, au change, dont j'ai parlé, jouent ainsi, en fait, les principaux rôles au point de vue du redressement monétaire ; il convient de manœuvrer le premier indice avec perspicacité.

Ce redressement monétaire n'est, en somme, qu'un complexe problème de mathématiques à résoudre, dont les données fondamentales sont des variables, sans cesse en mouvements harmoniques, très légers d'ailleurs, vers l'identification des indices de vie en francs-or théoriques et en francs-papier, qui sera obtenue lorsque l'indice de dépréciation du franc reviendra à 0.

Voici donc, exposée, une nouvelle preuve technique, déduite de la divergence existant entre notre indice actuel de vie 117 et ceux étrangers correspondants, sensiblement plus élevés, que non seulement la révalorisation fait partie du domaine des possibilités, s'impose même, mais aussi que, bien comprise et bien conduite, lentement et méthodiquement, elle ne peut amener de déceptions d'ordre économique, ou social ; elle ne peut avoir que d'heureuses répercussions d'ordre général.

J'ajoute que la reconnaissance du franc-or légal, théorique et de compte, conjointement à la fixation périodique, par décret, du rapport de convertibilité de ce franc-or, en franc-papier, sous forme de monnaies réelles, fiduciaires, courantes, de valeur variable, suivant ces décrets (comme elles n'ont jamais cessé de l'être, très irrégulièrement, toutefois, depuis 1916), est une mesure d'une utilité et d'une opportunité incontestables, en ce qui concerne le remboursement de prêts, ou de cautionnements, faisant l'objet, dans l'avenir, entre les deux parties, d'un contrat enregistré qui devra comporter le montant, exprimé en francs-or, du prêt, ou du cautionnement, et des intérêts, en stipulant que le remboursement et le payement des intérêts s'effectueront en monnaies courantes, au cours du jour de ces opérations.

Nous aurions, ainsi, le franc-or de compte et le franc-papier, comme existent, en Argentine, le peso-or et le peso-papier valant les 44/100ᵐ du premier.

J'appuierai mes conclusions de ces dernières considérations, faisant ressortir que les disponibilités financières de la France sont susceptibles de s'accroître au-delà de toutes prévisions actuelles :

1° Les dettes extérieures de guerre, inscrites à notre débit, peuvent être revisées à notre avantage.

2° Les dettes extérieures mondiales de guerre peuvent faire l'objet d'une nouvelle répartition entre Nations, établie au prorata des avantages que chacune d'elles retirera des bienfaits procurés par la grande guerre, et, parmi ces bienfaits, je cite le désarmement et l'accroissement exceptionnel de la prospérité nationale, qui se résolveront par des disponibilités financières. La France ne peut que gagner à la liquidation financière définitive de la guerre, réglée sur de tels principes.

3° La contribution de guerre allemande, devant l'accroissement de la prospérité du pays, de ses facultés contributives, accroissement qu'on peut pressentir, dès aujourd'hui, bien supérieur aux évaluations hypothétiques d'il y a 2 ans, devra être, dans de telles conjectures, revisée, accrue, de manière à décharger la France, entre autres, de l'excès de ses charges, qui ne lui permettrait pas, au moins autant que l'Allemagne, d'assurer le bien-être et la prospérité légitimes des masses.

Au § 9, j'appelais l'attention sur les bons-monnaies qui grèvent, inutilement, le budget d'un intérêt d'un milliard et demi, environ, et ne lui rapportent rien, puisqu'ils sont exonérés de tout impôt, même de celui sur le revenu.

En incitant, donc, cette masse liquide, flottante, de ressources particulières à s'investir dans nos industries, par exemple, on ferait non seulement une excellente opération, profitable à l'économie nationale et aux capitalistes, mais on libérerait le budget de ladite charge ; on se procurerait de nouvelles ressources contributives ; on allégerait, enfin, d'autant, le surcroît de contributions, à trouver, dont je parle au § 8.

En visant au payement plus régulier des impôts, à exiger, autant que possible, trimestriellement, d'ailleurs, on pourvoirait, mieux, aux besoins du Trésor, on diminuerait, sensiblement, les besoins du pays, en numéraire, et, conséquemment, on faciliterait la mesure que j'envisage et qui s'impose.

Dans tous les cas, ne faisons plus, de l'État, un banquier perpétuel à des conditions si onéreuses et si aléatoires pour lui.

Ne retenons, du geste patriotique des demandeurs de bons de la Défense, que la certitude, rassurante, de leur confiance dans l'entière solvabilité de la France, quelle que soit, d'ailleurs, l'ampleur de sa dette intérieure.

Angers, imp. du Progrès, 50, rue St-Laud